This Bok Belongs To:

....

....

....

....

....

WEBSITE

USERNAME

PASSWORD

NOTES

· · · · · · · · · · · · · · · ·

WEBSITE

USERNAME

PASSWORD

NOTES

· · · · · · · · · · · · · · · ·

WEBSITE

USERNAME

PASSWORD

NOTES

· · · · · · · · · · · · · · · ·

WEBSITE

USERNAME

PASSWORD

NOTES

WEBSITE

USERNAME

PASSWORD

NOTES

• • • • • • • • • • • • • • • •

WEBSITE

USERNAME

PASSWORD

NOTES

• • • • • • • • • • • • • • • •

WEBSITE

USERNAME

PASSWORD

NOTES

• • • • • • • • • • • • • • • •

WEBSITE

USERNAME

PASSWORD

NOTES

WEBSITE

USERNAME

PASSWORD

NOTES

· · · · · · · · · · · · · · · ·

WEBSITE

USERNAME

PASSWORD

NOTES

· · · · · · · · · · · · · · · ·

WEBSITE

USERNAME

PASSWORD

NOTES

· · · · · · · · · · · · · · · ·

WEBSITE

USERNAME

PASSWORD

NOTES

WEBSITE

USERNAME

PASSWORD

NOTES

. . . .

WEBSITE

USERNAME

PASSWORD

NOTES

. . . .

WEBSITE

USERNAME

PASSWORD

NOTES

. . . .

WEBSITE

USERNAME

PASSWORD

NOTES

WEBSITE

USERNAME

PASSWORD

NOTES

. . . .

WEBSITE

USERNAME

PASSWORD

NOTES

. . . .

WEBSITE

USERNAME

PASSWORD

NOTES

. . . .

WEBSITE

USERNAME

PASSWORD

NOTES

WEBSITE

USERNAME

PASSWORD

NOTES

• • • • • • • • • • • • • • • • •

WEBSITE

USERNAME

PASSWORD

NOTES

• • • • • • • • • • • • • • • • •

WEBSITE

USERNAME

PASSWORD

NOTES

• • • • • • • • • • • • • • • • •

WEBSITE

USERNAME

PASSWORD

NOTES

B

WEBSITE

USERNAME

PASSWORD

NOTES

. . . .

WEBSITE

USERNAME

PASSWORD

NOTES

. . . .

WEBSITE

USERNAME

PASSWORD

NOTES

. . . .

WEBSITE

USERNAME

PASSWORD

NOTES

WEBSITE

USERNAME

PASSWORD

NOTES

. . . .

WEBSITE

USERNAME

PASSWORD

NOTES

. . . .

WEBSITE

USERNAME

PASSWORD

NOTES

. . . .

WEBSITE

USERNAME

PASSWORD

NOTES

WEBSITE

USERNAME

PASSWORD

NOTES

. . . .

WEBSITE

USERNAME

PASSWORD

NOTES

. . . .

WEBSITE

USERNAME

PASSWORD

NOTES

. . . .

WEBSITE

USERNAME

PASSWORD

NOTES

WEBSITE

USERNAME

PASSWORD

NOTES

• • • • • • • • • • • • • • • • •

WEBSITE

USERNAME

PASSWORD

NOTES

• • • • • • • • • • • • • • • • •

WEBSITE

USERNAME

PASSWORD

NOTES

• • • • • • • • • • • • • • • • •

WEBSITE

USERNAME

PASSWORD

NOTES

WEBSITE

USERNAME

PASSWORD

NOTES

. . . .

WEBSITE

USERNAME

PASSWORD

NOTES

. . . .

WEBSITE

USERNAME

PASSWORD

NOTES

. . . .

WEBSITE

USERNAME

PASSWORD

NOTES

WEBSITE

USERNAME

PASSWORD

NOTES

· · · · · · · · · · · · · · · ·

WEBSITE

USERNAME

PASSWORD

NOTES

· · · · · · · · · · · · · · · ·

WEBSITE

USERNAME

PASSWORD

NOTES

· · · · · · · · · · · · · · · ·

WEBSITE

USERNAME

PASSWORD

NOTES

WEBSITE

USERNAME

PASSWORD

NOTES

- - - - - - - - - - - - - - -

WEBSITE

USERNAME

PASSWORD

NOTES

- - - - - - - - - - - - - - -

WEBSITE

USERNAME

PASSWORD

NOTES

- - - - - - - - - - - - - - -

WEBSITE

USERNAME

PASSWORD

NOTES

WEBSITE

USERNAME

PASSWORD

NOTES

. . . .

WEBSITE

USERNAME

PASSWORD

NOTES

. . . .

WEBSITE

USERNAME

PASSWORD

NOTES

. . . .

WEBSITE

USERNAME

PASSWORD

NOTES

WEBSITE

USERNAME

PASSWORD

NOTES

. . . .

WEBSITE

USERNAME

PASSWORD

NOTES

. . . .

WEBSITE

USERNAME

PASSWORD

NOTES

. . . .

WEBSITE

USERNAME

PASSWORD

NOTES

WEBSITE
USERNAME
PASSWORD
NOTES

· · · · · · · · · · · · · · · · ·

WEBSITE
USERNAME
PASSWORD
NOTES

· · · · · · · · · · · · · · · · ·

WEBSITE
USERNAME
PASSWORD
NOTES

· · · · · · · · · · · · · · · · ·

WEBSITE
USERNAME
PASSWORD
NOTES

WEBSITE

USERNAME

PASSWORD

NOTES

· · · · · · · · · · · · · · · ·

WEBSITE

USERNAME

PASSWORD

NOTES

· · · · · · · · · · · · · · · ·

WEBSITE

USERNAME

PASSWORD

NOTES

· · · · · · · · · · · · · · · ·

WEBSITE

USERNAME

PASSWORD

NOTES

WEBSITE

USERNAME

PASSWORD

NOTES

· · · · · · · · · · · · · · · · · ·

WEBSITE

USERNAME

PASSWORD

NOTES

· · · · · · · · · · · · · · · · · ·

WEBSITE

USERNAME

PASSWORD

NOTES

· · · · · · · · · · · · · · · · · ·

WEBSITE

USERNAME

PASSWORD

NOTES

WEBSITE

USERNAME

PASSWORD

NOTES

. . . .

WEBSITE

USERNAME

PASSWORD

NOTES

. . . .

WEBSITE

USERNAME

PASSWORD

NOTES

. . . .

WEBSITE

USERNAME

PASSWORD

NOTES

WEBSITE

USERNAME

PASSWORD

NOTES

· · · · · · · · · · · · · · · · ·

WEBSITE

USERNAME

PASSWORD

NOTES

· · · · · · · · · · · · · · · · ·

WEBSITE

USERNAME

PASSWORD

NOTES

· · · · · · · · · · · · · · · · ·

WEBSITE

USERNAME

PASSWORD

NOTES

WEBSITE

USERNAME

PASSWORD

NOTES

· · · · · · · · · · · · · ·

WEBSITE

USERNAME

PASSWORD

NOTES

· · · · · · · · · · · · · ·

WEBSITE

USERNAME

PASSWORD

NOTES

· · · · · · · · · · · · · ·

WEBSITE

USERNAME

PASSWORD

NOTES

F

WEBSITE

USERNAME

PASSWORD

NOTES

· · · · · · · · · · · · · · · · · ·

WEBSITE

USERNAME

PASSWORD

NOTES

· · · · · · · · · · · · · · · · · ·

WEBSITE

USERNAME

PASSWORD

NOTES

· · · · · · · · · · · · · · · · · ·

WEBSITE

USERNAME

PASSWORD

NOTES

WEBSITE

USERNAME

PASSWORD

NOTES

· · · · · · · · · · · · · · · · ·

WEBSITE

USERNAME

PASSWORD

NOTES

· · · · · · · · · · · · · · · · ·

WEBSITE

USERNAME

PASSWORD

NOTES

· · · · · · · · · · · · · · · · ·

WEBSITE

USERNAME

PASSWORD

NOTES

WEBSITE

USERNAME

PASSWORD

NOTES

. . . .

WEBSITE

USERNAME

PASSWORD

NOTES

. . . .

WEBSITE

USERNAME

PASSWORD

NOTES

. . . .

WEBSITE

USERNAME

PASSWORD

NOTES

WEBSITE

USERNAME

PASSWORD

NOTES

. . . .

WEBSITE

USERNAME

PASSWORD

NOTES

. . . .

WEBSITE

USERNAME

PASSWORD

NOTES

. . . .

WEBSITE

USERNAME

PASSWORD

NOTES

WEBSITE

USERNAME

PASSWORD

NOTES

. . . .

WEBSITE

USERNAME

PASSWORD

NOTES

. . . .

WEBSITE

USERNAME

PASSWORD

NOTES

. . . .

WEBSITE

USERNAME

PASSWORD

NOTES

WEBSITE ____

USERNAME ____

PASSWORD ____

NOTES ____

____

____

· · · · · · · · · · · · · · · · · ·

WEBSITE ____

USERNAME ____

PASSWORD ____

NOTES ____

____

____

· · · · · · · · · · · · · · · · · ·

WEBSITE ____

USERNAME ____

PASSWORD ____

NOTES ____

____

____

· · · · · · · · · · · · · · · · · ·

WEBSITE ____

USERNAME ____

PASSWORD ____

NOTES ____

____

____

WEBSITE

USERNAME

PASSWORD

NOTES

· · · · · · · · · · · · · · · ·

WEBSITE

USERNAME

PASSWORD

NOTES

· · · · · · · · · · · · · · · ·

WEBSITE

USERNAME

PASSWORD

NOTES

· · · · · · · · · · · · · · · ·

WEBSITE

USERNAME

PASSWORD

NOTES

WEBSITE

USERNAME

PASSWORD

NOTES

. . . .

WEBSITE

USERNAME

PASSWORD

NOTES

. . . .

WEBSITE

USERNAME

PASSWORD

NOTES

. . . .

WEBSITE

USERNAME

PASSWORD

NOTES

WEBSITE

USERNAME

PASSWORD

NOTES

· · · · · · · · · · · · · · · ·

WEBSITE

USERNAME

PASSWORD

NOTES

· · · · · · · · · · · · · · · ·

WEBSITE

USERNAME

PASSWORD

NOTES

· · · · · · · · · · · · · · · ·

WEBSITE

USERNAME

PASSWORD

NOTES

WEBSITE

USERNAME

PASSWORD

NOTES

. . . .

WEBSITE

USERNAME

PASSWORD

NOTES

. . . .

WEBSITE

USERNAME

PASSWORD

NOTES

. . . .

WEBSITE

USERNAME

PASSWORD

NOTES

WEBSITE

USERNAME

PASSWORD

NOTES

. . . .

WEBSITE

USERNAME

PASSWORD

NOTES

. . . .

WEBSITE

USERNAME

PASSWORD

NOTES

. . . .

WEBSITE

USERNAME

PASSWORD

NOTES

WEBSITE

USERNAME

PASSWORD

NOTES

. . . .

WEBSITE

USERNAME

PASSWORD

NOTES

. . . .

WEBSITE

USERNAME

PASSWORD

NOTES

. . . .

WEBSITE

USERNAME

PASSWORD

NOTES

WEBSITE

USERNAME

PASSWORD

NOTES

. . . .

WEBSITE

USERNAME

PASSWORD

NOTES

. . . .

WEBSITE

USERNAME

PASSWORD

NOTES

. . . .

WEBSITE

USERNAME

PASSWORD

NOTES

I

WEBSITE

USERNAME

PASSWORD

NOTES

· · · · · · · · · · · · · · · ·

WEBSITE

USERNAME

PASSWORD

NOTES

· · · · · · · · · · · · · · · ·

WEBSITE

USERNAME

PASSWORD

NOTES

· · · · · · · · · · · · · · · ·

WEBSITE

USERNAME

PASSWORD

NOTES

WEBSITE

USERNAME

PASSWORD

NOTES

. . . .

WEBSITE

USERNAME

PASSWORD

NOTES

. . . .

WEBSITE

USERNAME

PASSWORD

NOTES

. . . .

WEBSITE

USERNAME

PASSWORD

NOTES

WEBSITE

USERNAME

PASSWORD

NOTES

· · · · · · · · · · · · · · · · ·

WEBSITE

USERNAME

PASSWORD

NOTES

· · · · · · · · · · · · · · · · ·

WEBSITE

USERNAME

PASSWORD

NOTES

· · · · · · · · · · · · · · · · ·

WEBSITE

USERNAME

PASSWORD

NOTES

WEBSITE

USERNAME

PASSWORD

NOTES

* * * * * * * * * * * * * * * *

WEBSITE

USERNAME

PASSWORD

NOTES

* * * * * * * * * * * * * * * *

WEBSITE

USERNAME

PASSWORD

NOTES

* * * * * * * * * * * * * * * *

WEBSITE

USERNAME

PASSWORD

NOTES

WEBSITE

USERNAME

PASSWORD

NOTES

· · · · · · · · · · · · · · ·

WEBSITE

USERNAME

PASSWORD

NOTES

· · · · · · · · · · · · · · ·

WEBSITE

USERNAME

PASSWORD

NOTES

· · · · · · · · · · · · · · ·

WEBSITE

USERNAME

PASSWORD

NOTES

WEBSITE

USERNAME

PASSWORD

NOTES

· · · · · · · · · · · · · · · ·

WEBSITE

USERNAME

PASSWORD

NOTES

· · · · · · · · · · · · · · · ·

WEBSITE

USERNAME

PASSWORD

NOTES

· · · · · · · · · · · · · · · ·

WEBSITE

USERNAME

PASSWORD

NOTES

WEBSITE

USERNAME

PASSWORD

NOTES

. . . .

WEBSITE

USERNAME

PASSWORD

NOTES

. . . .

WEBSITE

USERNAME

PASSWORD

NOTES

. . . .

WEBSITE

USERNAME

PASSWORD

NOTES

WEBSITE

USERNAME

PASSWORD

NOTES

· · · · · · · · · · · · · · ·

WEBSITE

USERNAME

PASSWORD

NOTES

· · · · · · · · · · · · · · ·

WEBSITE

USERNAME

PASSWORD

NOTES

· · · · · · · · · · · · · · ·

WEBSITE

USERNAME

PASSWORD

NOTES

WEBSITE

USERNAME

PASSWORD

NOTES

· · · · · · · · · · · · · · · · ·

WEBSITE

USERNAME

PASSWORD

NOTES

· · · · · · · · · · · · · · · · ·

WEBSITE

USERNAME

PASSWORD

NOTES

· · · · · · · · · · · · · · · · ·

WEBSITE

USERNAME

PASSWORD

NOTES

WEBSITE

USERNAME

PASSWORD

NOTES

. . . .

WEBSITE

USERNAME

PASSWORD

NOTES

. . . .

WEBSITE

USERNAME

PASSWORD

NOTES

. . . .

WEBSITE

USERNAME

PASSWORD

NOTES

WEBSITE

USERNAME

PASSWORD

NOTES

. . . .

WEBSITE

USERNAME

PASSWORD

NOTES

. . . .

WEBSITE

USERNAME

PASSWORD

NOTES

. . . .

WEBSITE

USERNAME

PASSWORD

NOTES

WEBSITE

USERNAME

PASSWORD

NOTES

. . . .

WEBSITE

USERNAME

PASSWORD

NOTES

. . . .

WEBSITE

USERNAME

PASSWORD

NOTES

. . . .

WEBSITE

USERNAME

PASSWORD

NOTES

WEBSITE ______________________________

USERNAME ______________________________

PASSWORD ______________________________

NOTES ______________________________

____

____

. . . .

WEBSITE ______________________________

USERNAME ______________________________

PASSWORD ______________________________

NOTES ______________________________

____

____

. . . .

WEBSITE ______________________________

USERNAME ______________________________

PASSWORD ______________________________

NOTES ______________________________

____

____

. . . .

WEBSITE ______________________________

USERNAME ______________________________

PASSWORD ______________________________

NOTES ______________________________

____

WEBSITE

USERNAME

PASSWORD

NOTES

· · · · · · · · · · · · · · ·

WEBSITE

USERNAME

PASSWORD

NOTES

· · · · · · · · · · · · · · ·

WEBSITE

USERNAME

PASSWORD

NOTES

· · · · · · · · · · · · · · ·

WEBSITE

USERNAME

PASSWORD

NOTES

WEBSITE
USERNAME
PASSWORD
NOTES

. . . .

WEBSITE
USERNAME
PASSWORD
NOTES

. . . .

WEBSITE
USERNAME
PASSWORD
NOTES

. . . .

WEBSITE
USERNAME
PASSWORD
NOTES

WEBSITE

USERNAME

PASSWORD

NOTES

· · · · · · · · · · · · · · · · ·

WEBSITE

USERNAME

PASSWORD

NOTES

· · · · · · · · · · · · · · · · ·

WEBSITE

USERNAME

PASSWORD

NOTES

· · · · · · · · · · · · · · · · ·

WEBSITE

USERNAME

PASSWORD

NOTES

WEBSITE ________________________

USERNAME ________________________

PASSWORD ________________________

NOTES ________________________

____

____

• • • • • • • • • • • • • •

WEBSITE ________________________

USERNAME ________________________

PASSWORD ________________________

NOTES ________________________

____

____

• • • • • • • • • • • • • •

WEBSITE ________________________

USERNAME ________________________

PASSWORD ________________________

NOTES ________________________

____

____

• • • • • • • • • • • • • •

WEBSITE ________________________

USERNAME ________________________

PASSWORD ________________________

NOTES ________________________

____

____

WEBSITE

USERNAME

PASSWORD

NOTES

. . . .

WEBSITE

USERNAME

PASSWORD

NOTES

. . . .

WEBSITE

USERNAME

PASSWORD

NOTES

. . . .

WEBSITE

USERNAME

PASSWORD

NOTES

WEBSITE

USERNAME

PASSWORD

NOTES

. . . .

WEBSITE

USERNAME

PASSWORD

NOTES

. . . .

WEBSITE

USERNAME

PASSWORD

NOTES

. . . .

WEBSITE

USERNAME

PASSWORD

NOTES

WEBSITE

USERNAME

PASSWORD

NOTES

. . . .

WEBSITE

USERNAME

PASSWORD

NOTES

. . . .

WEBSITE

USERNAME

PASSWORD

NOTES

. . . .

WEBSITE

USERNAME

PASSWORD

NOTES

WEBSITE

USERNAME

PASSWORD

NOTES

. . . .

WEBSITE

USERNAME

PASSWORD

NOTES

. . . .

WEBSITE

USERNAME

PASSWORD

NOTES

. . . .

WEBSITE

USERNAME

PASSWORD

NOTES

WEBSITE

USERNAME

PASSWORD

NOTES

· · · · · · · · · · · · · · · ·

WEBSITE

USERNAME

PASSWORD

NOTES

· · · · · · · · · · · · · · · ·

WEBSITE

USERNAME

PASSWORD

NOTES

· · · · · · · · · · · · · · · ·

WEBSITE

USERNAME

PASSWORD

NOTES

WEBSITE

USERNAME

PASSWORD

NOTES

· · · · · · · · · · · · · · · ·

WEBSITE

USERNAME

PASSWORD

NOTES

· · · · · · · · · · · · · · · ·

WEBSITE

USERNAME

PASSWORD

NOTES

· · · · · · · · · · · · · · · ·

WEBSITE

USERNAME

PASSWORD

NOTES

WEBSITE

USERNAME

PASSWORD

NOTES

· · · · · · · · · · · · · · · ·

WEBSITE

USERNAME

PASSWORD

NOTES

· · · · · · · · · · · · · · · ·

WEBSITE

USERNAME

PASSWORD

NOTES

· · · · · · · · · · · · · · · ·

WEBSITE

USERNAME

PASSWORD

NOTES

WEBSITE

USERNAME

PASSWORD

NOTES

· · · · · · · · · · · · · · ·

WEBSITE

USERNAME

PASSWORD

NOTES

· · · · · · · · · · · · · · ·

WEBSITE

USERNAME

PASSWORD

NOTES

· · · · · · · · · · · · · · ·

WEBSITE

USERNAME

PASSWORD

NOTES

WEBSITE

USERNAME

PASSWORD

NOTES

· · · · · · · · · · · · · · ·

WEBSITE

USERNAME

PASSWORD

NOTES

· · · · · · · · · · · · · · ·

WEBSITE

USERNAME

PASSWORD

NOTES

· · · · · · · · · · · · · · ·

WEBSITE

USERNAME

PASSWORD

NOTES

P

WEBSITE

USERNAME

PASSWORD

NOTES

· · · · · · · · · · · · · · ·

WEBSITE

USERNAME

PASSWORD

NOTES

· · · · · · · · · · · · · · ·

WEBSITE

USERNAME

PASSWORD

NOTES

· · · · · · · · · · · · · · ·

WEBSITE

USERNAME

PASSWORD

NOTES

P

WEBSITE

USERNAME

PASSWORD

NOTES

· · · · · · · · · · · · · · · · ·

WEBSITE

USERNAME

PASSWORD

NOTES

· · · · · · · · · · · · · · · · ·

WEBSITE

USERNAME

PASSWORD

NOTES

· · · · · · · · · · · · · · · · ·

WEBSITE

USERNAME

PASSWORD

NOTES

WEBSITE

USERNAME

PASSWORD

NOTES

· · · · · · · · · · · · · · ·

WEBSITE

USERNAME

PASSWORD

NOTES

· · · · · · · · · · · · · · ·

WEBSITE

USERNAME

PASSWORD

NOTES

· · · · · · · · · · · · · · ·

WEBSITE

USERNAME

PASSWORD

NOTES

WEBSITE

USERNAME

PASSWORD

NOTES

. . . .

WEBSITE

USERNAME

PASSWORD

NOTES

. . . .

WEBSITE

USERNAME

PASSWORD

NOTES

. . . .

WEBSITE

USERNAME

PASSWORD

NOTES

WEBSITE

USERNAME

PASSWORD

NOTES

. . . .

WEBSITE

USERNAME

PASSWORD

NOTES

. . . .

WEBSITE

USERNAME

PASSWORD

NOTES

. . . .

WEBSITE

USERNAME

PASSWORD

NOTES

WEBSITE
USERNAME
PASSWORD
NOTES

· · · · · · · · · · · · · · · · · ·

WEBSITE
USERNAME
PASSWORD
NOTES

· · · · · · · · · · · · · · · · · ·

WEBSITE
USERNAME
PASSWORD
NOTES

· · · · · · · · · · · · · · · · · ·

WEBSITE
USERNAME
PASSWORD
NOTES

WEBSITE

USERNAME

PASSWORD

NOTES

. . . .

WEBSITE

USERNAME

PASSWORD

NOTES

. . . .

WEBSITE

USERNAME

PASSWORD

NOTES

. . . .

WEBSITE

USERNAME

PASSWORD

NOTES

WEBSITE

USERNAME

PASSWORD

NOTES

· · · · · · · · · · · · · · · ·

WEBSITE

USERNAME

PASSWORD

NOTES

· · · · · · · · · · · · · · · ·

WEBSITE

USERNAME

PASSWORD

NOTES

· · · · · · · · · · · · · · · ·

WEBSITE

USERNAME

PASSWORD

NOTES

WEBSITE

USERNAME

PASSWORD

NOTES

• • • • • • • • • • • • • • •

WEBSITE

USERNAME

PASSWORD

NOTES

• • • • • • • • • • • • • • •

WEBSITE

USERNAME

PASSWORD

NOTES

• • • • • • • • • • • • • • •

WEBSITE

USERNAME

PASSWORD

NOTES

WEBSITE

USERNAME

PASSWORD

NOTES

. . . .

WEBSITE

USERNAME

PASSWORD

NOTES

. . . .

WEBSITE

USERNAME

PASSWORD

NOTES

. . . .

WEBSITE

USERNAME

PASSWORD

NOTES

WEBSITE

USERNAME

PASSWORD

NOTES

. . . .

WEBSITE

USERNAME

PASSWORD

NOTES

. . . .

WEBSITE

USERNAME

PASSWORD

NOTES

. . . .

WEBSITE

USERNAME

PASSWORD

NOTES

WEBSITE

USERNAME

PASSWORD

NOTES

. . . .

WEBSITE

USERNAME

PASSWORD

NOTES

. . . .

WEBSITE

USERNAME

PASSWORD

NOTES

. . . .

WEBSITE

USERNAME

PASSWORD

NOTES

WEBSITE

USERNAME

PASSWORD

NOTES

· · · · · · · · · · · · · · · ·

WEBSITE

USERNAME

PASSWORD

NOTES

· · · · · · · · · · · · · · · ·

WEBSITE

USERNAME

PASSWORD

NOTES

· · · · · · · · · · · · · · · ·

WEBSITE

USERNAME

PASSWORD

NOTES

WEBSITE

USERNAME

PASSWORD

NOTES

· · · · · · · · · · · · · · · ·

WEBSITE

USERNAME

PASSWORD

NOTES

· · · · · · · · · · · · · · · ·

WEBSITE

USERNAME

PASSWORD

NOTES

· · · · · · · · · · · · · · · ·

WEBSITE

USERNAME

PASSWORD

NOTES

WEBSITE

USERNAME

PASSWORD

NOTES

· · · · · · · · · · · · · · · ·

WEBSITE

USERNAME

PASSWORD

NOTES

· · · · · · · · · · · · · · · ·

WEBSITE

USERNAME

PASSWORD

NOTES

· · · · · · · · · · · · · · · ·

WEBSITE

USERNAME

PASSWORD

NOTES

WEBSITE

USERNAME

PASSWORD

NOTES

. . . .

WEBSITE

USERNAME

PASSWORD

NOTES

. . . .

WEBSITE

USERNAME

PASSWORD

NOTES

. . . .

WEBSITE

USERNAME

PASSWORD

NOTES

WEBSITE

USERNAME

PASSWORD

NOTES

· · · · · · · · · · · · · · · ·

WEBSITE

USERNAME

PASSWORD

NOTES

· · · · · · · · · · · · · · · ·

WEBSITE

USERNAME

PASSWORD

NOTES

· · · · · · · · · · · · · · · ·

WEBSITE

USERNAME

PASSWORD

NOTES

WEBSITE

USERNAME

PASSWORD

NOTES

. . . .

WEBSITE

USERNAME

PASSWORD

NOTES

. . . .

WEBSITE

USERNAME

PASSWORD

NOTES

. . . .

WEBSITE

USERNAME

PASSWORD

NOTES

T

WEBSITE

USERNAME

PASSWORD

NOTES

· · · · · · · · · · · · · · ·

WEBSITE

USERNAME

PASSWORD

NOTES

· · · · · · · · · · · · · · ·

WEBSITE

USERNAME

PASSWORD

NOTES

· · · · · · · · · · · · · · ·

WEBSITE

USERNAME

PASSWORD

NOTES

WEBSITE

USERNAME

PASSWORD

NOTES

· · · · · · · · · · · · · · · · · ·

WEBSITE

USERNAME

PASSWORD

NOTES

· · · · · · · · · · · · · · · · · ·

WEBSITE

USERNAME

PASSWORD

NOTES

· · · · · · · · · · · · · · · · · ·

WEBSITE

USERNAME

PASSWORD

NOTES

WEBSITE

USERNAME

PASSWORD

NOTES

. . . .

WEBSITE

USERNAME

PASSWORD

NOTES

. . . .

WEBSITE

USERNAME

PASSWORD

NOTES

. . . .

WEBSITE

USERNAME

PASSWORD

NOTES

WEBSITE

USERNAME

PASSWORD

NOTES

· · · · · · · · · · · · · · · · ·

WEBSITE

USERNAME

PASSWORD

NOTES

· · · · · · · · · · · · · · · · ·

WEBSITE

USERNAME

PASSWORD

NOTES

· · · · · · · · · · · · · · · · ·

WEBSITE

USERNAME

PASSWORD

NOTES

WEBSITE

USERNAME

PASSWORD

NOTES

· · · · · · · · · · · · · · ·

WEBSITE

USERNAME

PASSWORD

NOTES

· · · · · · · · · · · · · · ·

WEBSITE

USERNAME

PASSWORD

NOTES

· · · · · · · · · · · · · · ·

WEBSITE

USERNAME

PASSWORD

NOTES

WEBSITE

USERNAME

PASSWORD

NOTES

· · · · · · · · · · · · · · · ·

WEBSITE

USERNAME

PASSWORD

NOTES

· · · · · · · · · · · · · · · ·

WEBSITE

USERNAME

PASSWORD

NOTES

· · · · · · · · · · · · · · · ·

WEBSITE

USERNAME

PASSWORD

NOTES

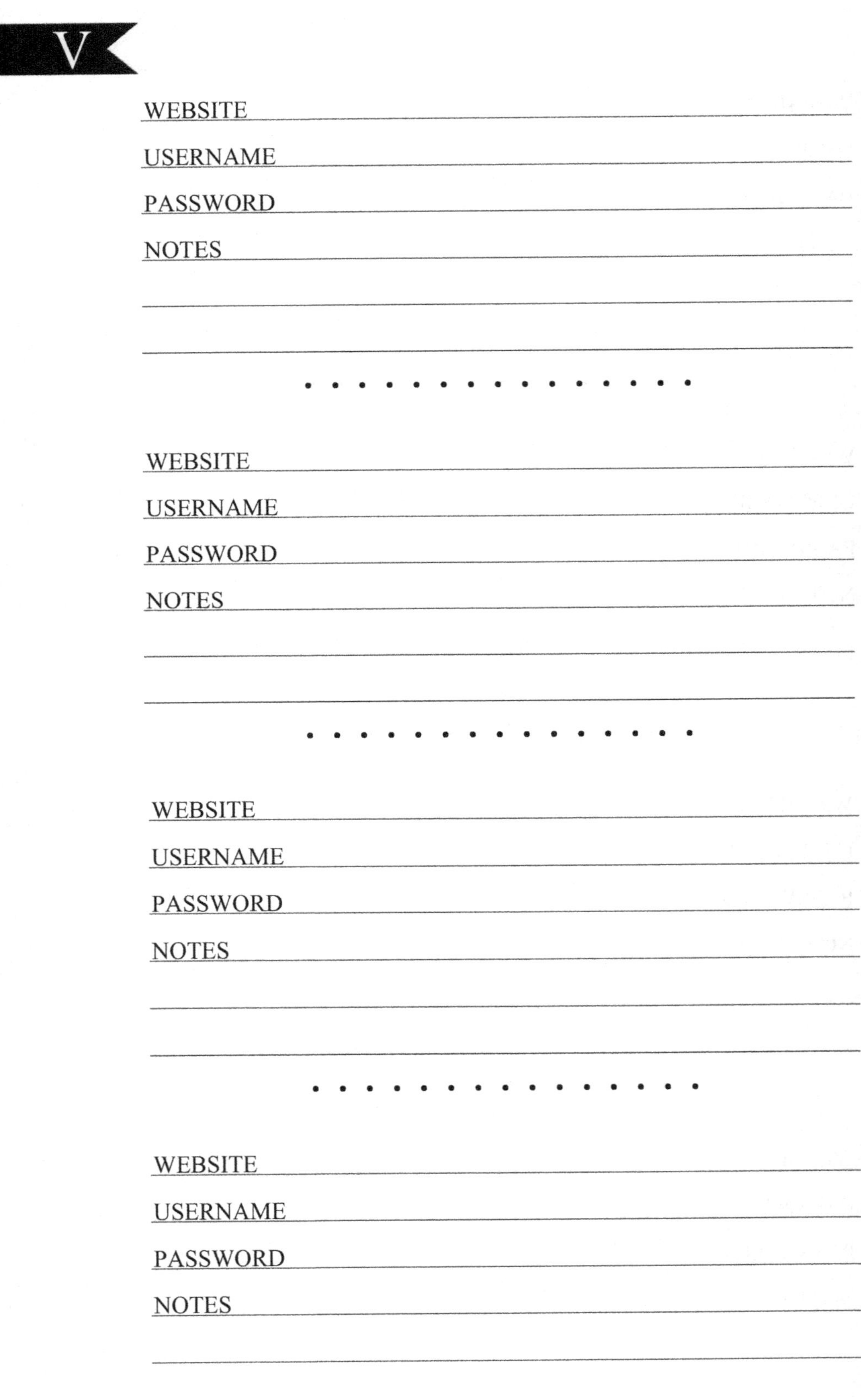

WEBSITE

USERNAME

PASSWORD

NOTES

- - - - - - - - - - - - - -

WEBSITE

USERNAME

PASSWORD

NOTES

- - - - - - - - - - - - - -

WEBSITE

USERNAME

PASSWORD

NOTES

- - - - - - - - - - - - - -

WEBSITE

USERNAME

PASSWORD

NOTES

WEBSITE

USERNAME

PASSWORD

NOTES

• • • • • • • • • • • • • • •

WEBSITE

USERNAME

PASSWORD

NOTES

• • • • • • • • • • • • • • •

WEBSITE

USERNAME

PASSWORD

NOTES

• • • • • • • • • • • • • • •

WEBSITE

USERNAME

PASSWORD

NOTES

WEBSITE

USERNAME

PASSWORD

NOTES

. . . .

WEBSITE

USERNAME

PASSWORD

NOTES

. . . .

WEBSITE

USERNAME

PASSWORD

NOTES

. . . .

WEBSITE

USERNAME

PASSWORD

NOTES

WEBSITE

USERNAME

PASSWORD

NOTES

· · · · · · · · · · · · · · · · ·

WEBSITE

USERNAME

PASSWORD

NOTES

· · · · · · · · · · · · · · · · ·

WEBSITE

USERNAME

PASSWORD

NOTES

· · · · · · · · · · · · · · · · ·

WEBSITE

USERNAME

PASSWORD

NOTES

WEBSITE

USERNAME

PASSWORD

NOTES

• • • • • • • • • • • • • • •

WEBSITE

USERNAME

PASSWORD

NOTES

• • • • • • • • • • • • • • •

WEBSITE

USERNAME

PASSWORD

NOTES

• • • • • • • • • • • • • • •

WEBSITE

USERNAME

PASSWORD

NOTES

WEBSITE

USERNAME

PASSWORD

NOTES

· · · · · · · · · · · · · · · ·

WEBSITE

USERNAME

PASSWORD

NOTES

· · · · · · · · · · · · · · · ·

WEBSITE

USERNAME

PASSWORD

NOTES

· · · · · · · · · · · · · · · ·

WEBSITE

USERNAME

PASSWORD

NOTES

WEBSITE

USERNAME

PASSWORD

NOTES

· · · · · · · · · · · · · · ·

WEBSITE

USERNAME

PASSWORD

NOTES

· · · · · · · · · · · · · · ·

WEBSITE

USERNAME

PASSWORD

NOTES

· · · · · · · · · · · · · · ·

WEBSITE

USERNAME

PASSWORD

NOTES

# W

WEBSITE

USERNAME

PASSWORD

NOTES

· · · · · · · · · · · · · · · ·

WEBSITE

USERNAME

PASSWORD

NOTES

· · · · · · · · · · · · · · · ·

WEBSITE

USERNAME

PASSWORD

NOTES

· · · · · · · · · · · · · · · ·

WEBSITE

USERNAME

PASSWORD

NOTES

WEBSITE

USERNAME

PASSWORD

NOTES

. . . .

WEBSITE

USERNAME

PASSWORD

NOTES

. . . .

WEBSITE

USERNAME

PASSWORD

NOTES

. . . .

WEBSITE

USERNAME

PASSWORD

NOTES

WEBSITE

USERNAME

PASSWORD

NOTES

· · · · · · · · · · · · · · · ·

WEBSITE

USERNAME

PASSWORD

NOTES

· · · · · · · · · · · · · · · ·

WEBSITE

USERNAME

PASSWORD

NOTES

· · · · · · · · · · · · · · · ·

WEBSITE

USERNAME

PASSWORD

NOTES

WEBSITE

USERNAME

PASSWORD

NOTES

. . . .

WEBSITE

USERNAME

PASSWORD

NOTES

. . . .

WEBSITE

USERNAME

PASSWORD

NOTES

. . . .

WEBSITE

USERNAME

PASSWORD

NOTES

WEBSITE

USERNAME

PASSWORD

NOTES

. . . .

WEBSITE

USERNAME

PASSWORD

NOTES

. . . .

WEBSITE

USERNAME

PASSWORD

NOTES

. . . .

WEBSITE

USERNAME

PASSWORD

NOTES

WEBSITE

USERNAME

PASSWORD

NOTES

. . . .

WEBSITE

USERNAME

PASSWORD

NOTES

. . . .

WEBSITE

USERNAME

PASSWORD

NOTES

. . . .

WEBSITE

USERNAME

PASSWORD

NOTES

WEBSITE

USERNAME

PASSWORD

NOTES

. . . .

WEBSITE

USERNAME

PASSWORD

NOTES

. . . .

WEBSITE

USERNAME

PASSWORD

NOTES

. . . .

WEBSITE

USERNAME

PASSWORD

NOTES

WEBSITE

USERNAME

PASSWORD

NOTES

· · · · · · · · · · · · · · ·

WEBSITE

USERNAME

PASSWORD

NOTES

· · · · · · · · · · · · · · ·

WEBSITE

USERNAME

PASSWORD

NOTES

· · · · · · · · · · · · · · ·

WEBSITE

USERNAME

PASSWORD

NOTES

WEBSITE

USERNAME

PASSWORD

NOTES

• • • • • • • • • • • • • • • • •

WEBSITE

USERNAME

PASSWORD

NOTES

• • • • • • • • • • • • • • • • •

WEBSITE

USERNAME

PASSWORD

NOTES

• • • • • • • • • • • • • • • • •

WEBSITE

USERNAME

PASSWORD

NOTES

WEBSITE

USERNAME

PASSWORD

NOTES

. . . .

WEBSITE

USERNAME

PASSWORD

NOTES

. . . .

WEBSITE

USERNAME

PASSWORD

NOTES

. . . .

WEBSITE

USERNAME

PASSWORD

NOTES

WEBSITE

USERNAME

PASSWORD

NOTES

• • • • • • • • • • • • • • • •

WEBSITE

USERNAME

PASSWORD

NOTES

• • • • • • • • • • • • • • • •

WEBSITE

USERNAME

PASSWORD

NOTES

• • • • • • • • • • • • • • • •

WEBSITE

USERNAME

PASSWORD

NOTES

Z

WEBSITE

USERNAME

PASSWORD

NOTES

· · · · · · · · · · · · · · ·

WEBSITE

USERNAME

PASSWORD

NOTES

· · · · · · · · · · · · · · ·

WEBSITE

USERNAME

PASSWORD

NOTES

· · · · · · · · · · · · · · ·

WEBSITE

USERNAME

PASSWORD

NOTES

WEBSITE

USERNAME

PASSWORD

NOTES

. . . .

WEBSITE

USERNAME

PASSWORD

NOTES

. . . .

WEBSITE

USERNAME

PASSWORD

NOTES

. . . .

WEBSITE

USERNAME

PASSWORD

NOTES

Made in the USA
Monee, IL
01 July 2026

56241067R00059